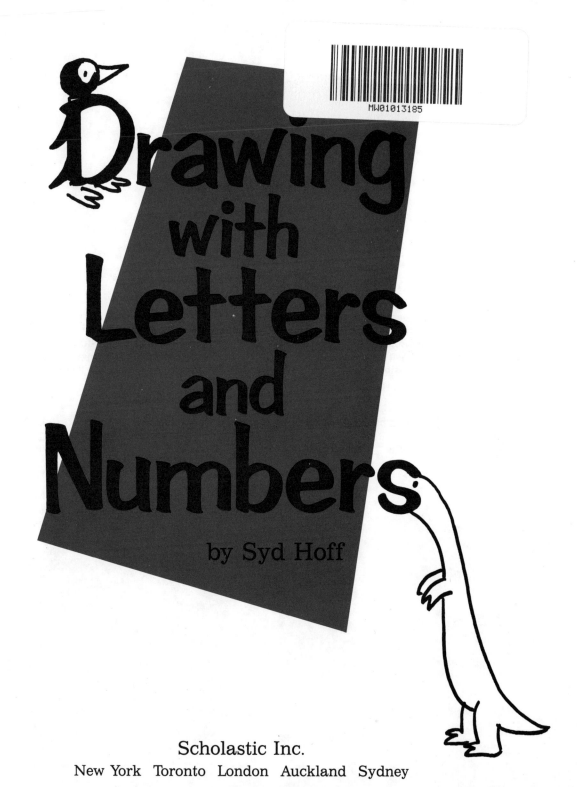

Drawing with Letters and Numbers

by Syd Hoff

Scholastic Inc.
New York Toronto London Auckland Sydney

ISBN 0-590-47030-2

12 11 10 9 8 7 6 5 4 3 2 1   3 4 5 6 7 8/9

Printed in the U.S.A.   09

First Scholastic printing, September 1993

Dear Girls and Boys,
Drawing is fun because it's easy.
Start with a letter or number,
and you can draw all kinds of cartoons.
This book shows you how to make 70 drawings.
Try them all —
then make up some of your own!
Have fun!

Your friend,

1.

2.

3.

4.

1.

2.

3.

4.

1.

2.

3.

4.

1.

2.

3.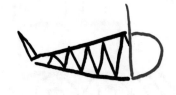

4.

1.

2.

3.

4.

1.

2.

3.

4.

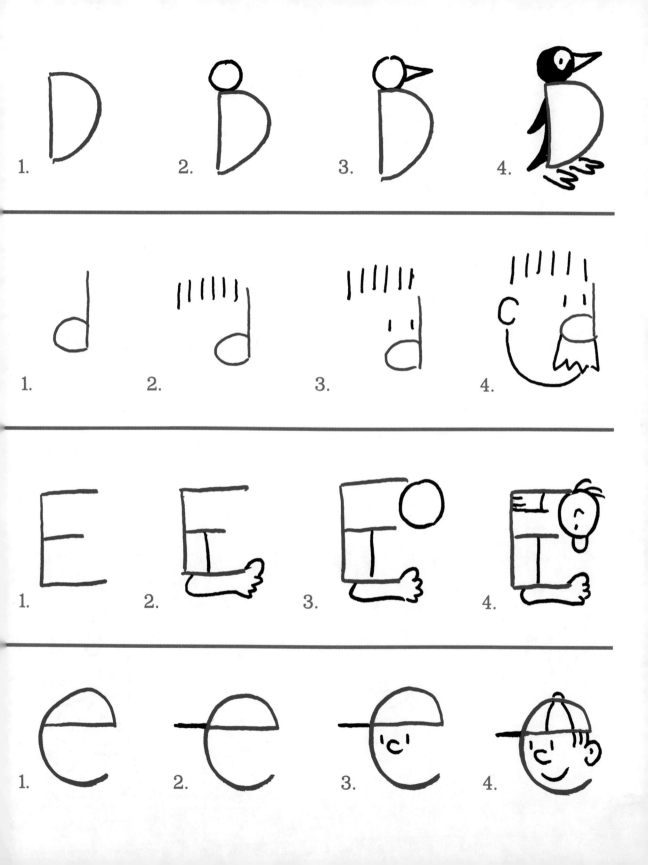

1.   2.   3.   4.

1.   2.   3.   4.

1.   2.   3.   4.

1.   2.   3.   4.

1.

2.

3.

4.

1.

2.

3.

4.

1.

2.

3.

4.

1.

2.

3.

4.

1.　2.　3.　4.

2.　3.　4.

2.　3.　4.

2.　3.　4.

1. K

2.

3.

4.

1. K

2. K

3.

4.

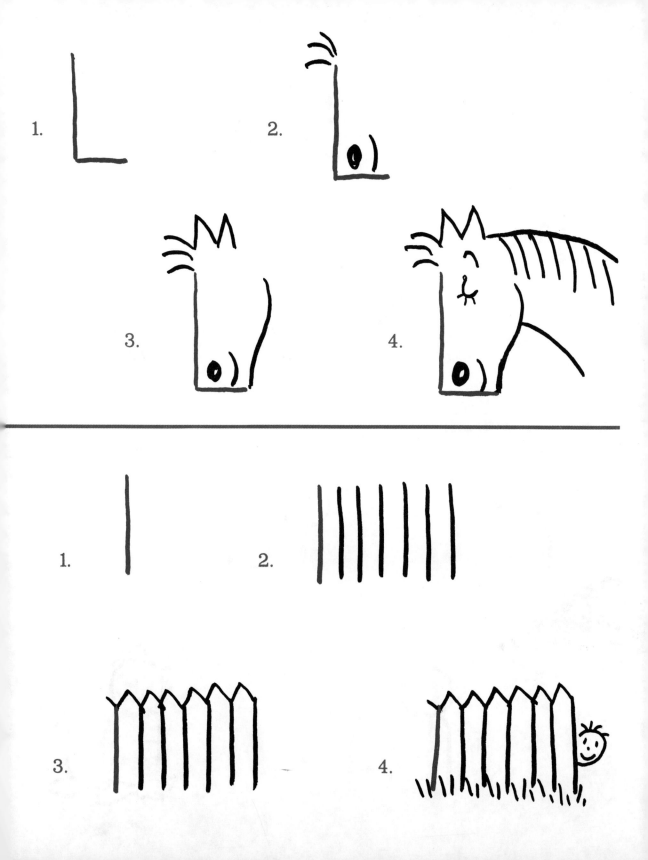

1.

2.

3.

4.

1.

2.

3.

4.

1.

2.

3.

4.

1.

2.

3.

4.

1.

2.

3.

4.

1.

2.

3.

4.

1. 2. 3. 4.

1. 2. 3. 4.

1. 2. 3. 4.

1. 2. 3. 4.

1.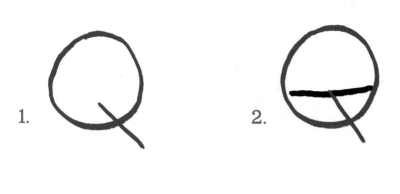

2.

3.

4.

1.

2.

3.

4.

1.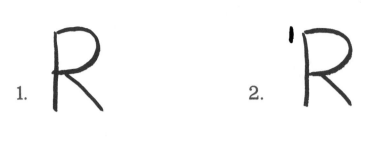

2.

3.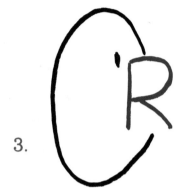

4.

1.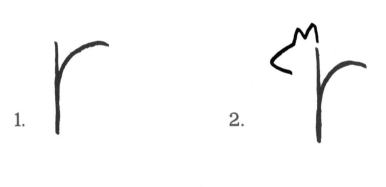

2.

3.

4.

1.

2.

3.

4.

1.

2.

3.

4.

1.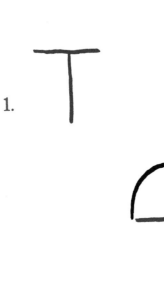

2.

3.

4.

HOT DOGS

1.

2.

3.

4.

1. 2. 3. 4.

1. 2. 3. 4.

1. 2. 3. 4.

1. 2. 3. 4.

1. W

2. Q W

3. W

4.

1. W

2. W

3. W

4. W

1.

2.

3.

4.

1.

2.

3.

4.

1.

2.

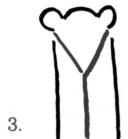

3.

4.

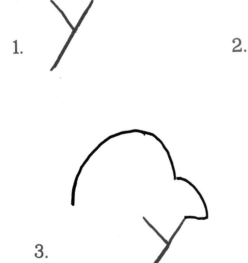

1.

2.

3.

4.

1.

2.

3.

4.

1.

2.

3.

4.

1.

2.

3.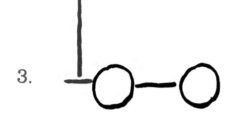

4.

1.

2.

3.

4.

1.

2.

3.

4.

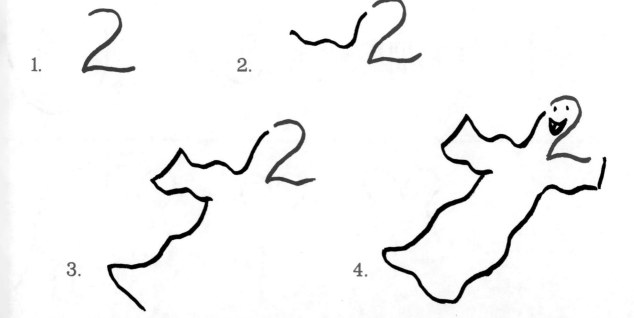

1.

2.

3.

4.

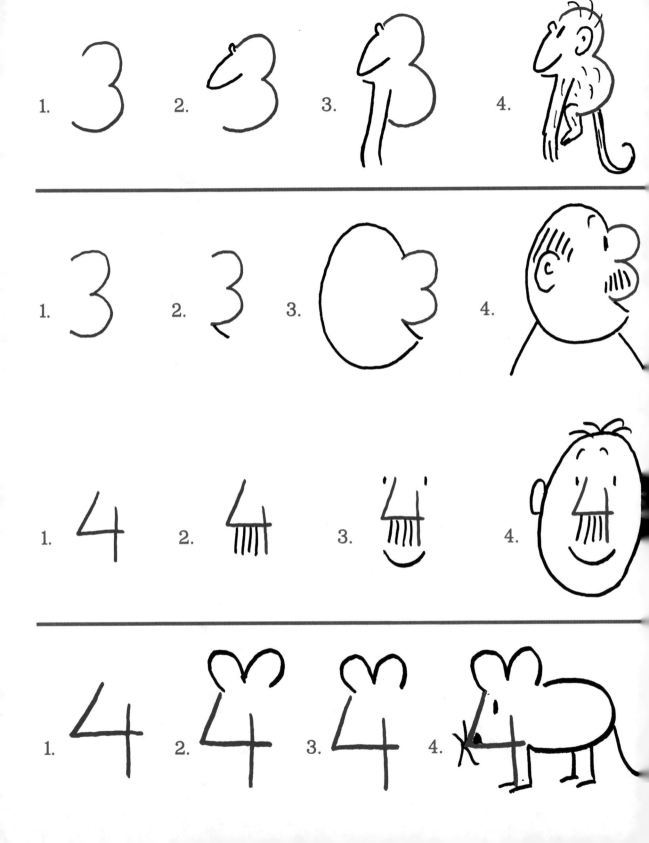

1. 2. 3. 4.

1. 2. 3. 4.

1. 2. 3. 4.

1. 2. 3. 4.

1.

2.

3.

4.

1.

2.

3.

4.

1. 2. 3. 4.

1. 2. 3. 4.

1. 2. 3. 4.

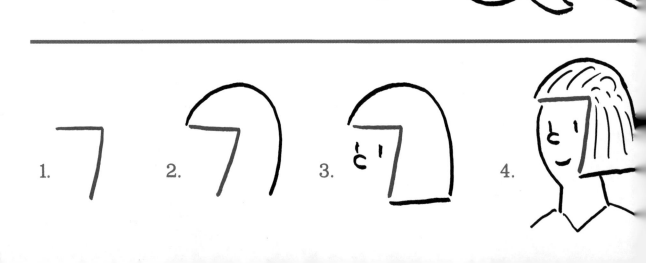

1. 2. 3. 4.

1. 2. 3. 4.

1. 2. 3. 4.

2. 3. 4.

2. 3. 4.

For more fun

You can make cartoon strips
by putting two or more drawings together.
Add word balloons to make a story.